L'ART

DE FAIRE

LE BON CIDRE,

AVEC

LA MANIERE DE CULTIVER

LES POMMIERS

ET POIRIERS,

Selon l'usage de la Normandie.

Par M. le Marquis DE CHAMBRAY.

Prix, 18 sols, broché.

A PARIS,

Chez LAMY, Libraire, Quai des Augustins.

M. DCC. LXXXII.

Avec Approbation & Permission.

PREFACE.

On ne doit pas s'attendre à trouver dans cet Ouvrage, l'élégance & les grâces d'un beau style. La matiere que j'ai choisie n'en est guere susceptible. Le coloris des fleurs que le pommier nous offre, se répand difficilement sur un discours qui en traite, & les échos de la campagne ne peuvent répéter que des sons champêtres. C'est pour les Agricoles que j'écris ; j'espere qu'ils voudront bien se contenter d'un détail exact, d'une expression claire, de la vérité de mes préceptes, &

de la certitude de mes expériences. J'ai tâché de réunir
ces qualités si necessaires à un
Ouvrage purement didacti-
que. Je ne présente ici que le
résultat des réflexions, & des
épreuves journalieres que
j'ai faites ; jaloux d'être utile
aux Cultivateurs, j'ai souvent épié la Nature, je l'ai
surprise quelquefois dans ses
opérations ; heureux si mon
travail peut contribuer au
bonheur de mes semblables !
l'humanité connoît-elle un
plaisir plus doux & plus
touchant ?

L'ART

L'ART

DE FAIRE

LE BON CIDRE,

ET DE CULTIVER

LES POMMIERS

ET POIRIERS.

INTRODUCTION.

Le Cidre eſt une boiſſon aſſez nouvelle pour la France. Son uſage a paſſé d'Afrique en Eſpagne, & d'Eſpagne en Normandie. Les habitans de cette Province,

A

qui ne trouvoient pas le climat & le fol de leur pays propres à la culture des vignes, n'en avoient que pour fe procurer une boiffon néceffaire , mais peu agréable ; beaucoup de cantons en étoient privés totalement, par la froideur & l'humidité des terres ; les peuples qui les habitoient étoient réduits à l'ufage de la biere ou à celui de l'eau. La fréquentation des Normands avec les Bifcayens par le commerce maritime, leur fit connoître l'utilité du Cidre ; ils planterent des pommiers, apporterent de Bifcaye des greffes de ces fruits à Cidre, & les premieres pommes qu'ils recueillirent, furent appellées pommes de *Bifcait :* nom que les pommes confervent encore. Bientôt les pommiers fe

mutiplierent , & l'ufage du Cidre devint général. Alors on aban-
donna les vignes Normandes : il
n'eft refté aux différents terreins
fur lefquels elles étoient plantées,
que le nom que le Plant leur avoit
donné , *le clos de la vigne.* Il y a
à - peu - près trois fiecles que les
vignes ont été détruites en Normandie , & que les pommiers ont
pris leur place. Les Bretons , les
Anglois ont fuivi l'exemple des
Normands , & par la culture des
pommiers, fe font procuré une
boiffon auffi agréable qu'utile : on
commence même dans différentes
Provinces de la France , & fur-
tout en Picardie , à cultiver cet
arbre avec fuccès , & à préparer
des Cidres qui ne font pas fans
mérite ; mais fouvent auffi ces Ci-

dres manquent de qualité, & c'eſt moins à celle du ſol qu'il faut s'en prendre, qu'au défaut de choix dans les eſpeces de pommes, & au peu d'intelligence de ceux qui préparent cette boiſſon. C'eſt pour remédier à ce double inconvénient qu'on ſe détermine à rendre public ce petit Ouvrage.

CHAPITRE I.

De la Pépiniere.

IL y a des cantons dans la Normandie, comme le pays de Bray, celui de Caux , & plufieurs autres , où les habitans fe font un revenu confidérable des pepins qu'ils fement & qu'ils vendent au bout de deux ans. Ils ont alors deux pieds de haut. Si on peut fe procurer de ce plant , c'eft le moyen le plus prompt & le plus facile pour établir une pépeniere. Si on ne le peut pas , il faut , dans le tems que les pommes font pilées , faire ramaffer dans leur marc des pepins de pommes à Cidre ; ceux des pommes à couteau ne produiroient pas le même effet. On préparera dans fon jardin un terrein bien meuble , on y femera

le pepin dans le mois de Février;
on aura foin de le bien farcler
pendant les deux années qu'il ref-
tera dans la terre, de crainte que
les mauvaifes herbes ne nuifent
à fon accroiffement. Au bout de
deux ans, on le levera pour en
former la pépiniere.

Il faut choifir pour la pépiniere un terrein neuf, s'il eft poffible, ou tout autre terrein qui
foit en bon état de culture, dont
le fond ne foit point argilleux.
On le défoncera de dix-huit pouces de profondeur; & s'il y a du
gazon fur la fuperficie, on le pré-
cipitera dans le fond de la tran-
chée: quand le terrein fera fuffifamment labouré & dreffé à la
bêche, & non à la charrue, ou
fi la terre étoit trop dure pour
fe fervir de la bêche, au pic & à
la pelle, on placera le plant au
cordeau, chaque fujet à neuf pouces de diftance. Les rangs feront

éloignés les uns des autres de deux pieds & demi. Quand on plante plus ferré, la pépiniere n'en vient pas mieux. Cette plantation fe fera dans le cours de l'hiver ; après quoi on couvrira toute la pépiniere de vieux chaume, ou de feuilles qu'on ramaffera dans les bois ; cette couverture tiendra les racines fraîches, la terre meuble, & empêchera les mauvaifes herbes de pouffer. Si on couvre fuffifamment la pépiniere, elle n'aura befoin d'aucune culture : fi elle n'eft pas affez couverte, les mauvaifes herbes paroîtront au bout de quelque temps. Alors avec la houe plate, il faudra gratter la fuperficie de la pépiniere pour détruire les herbes ; ces herbes détruites & féchées par le foleil, augmenteront l'ancienne couverture de chaume ou des feuilles qui auront été mifes d'abord fur la pépiniere. Au bout de deux ans, on coupera toute la pépiniere par le pied ; les nouveaux jets qu'elle donnera furpafferont bientôt les anciens. S'il en pouffe plufieurs à chaque pied, on les arrachera, pour ne laiffer que celui qui fera de la plus belle efpérance. On ne coupera rien à ces nouveaux jets pendant deux ans: il fuffira d'arracher les rejettons qui paroîtront à leurs pieds, & d'entretenir la pépiniere bien nette, fans y fouffrir d'herbes. Au bout de deux ans, la pépiniere en ayant quatre de plantation, on commencera à couper les branches gourmandes de chaque fujet, obfervant de ne pas dégarnir le pied & le corps de l'arbre des petites branches, parce qu'elles empêchent la feve de fe porter avec trop de vivacité vers le haut de l'arbre, ce qui le fait groffir du pied, & croître en forme de cierge : c'eft la perfection d'un arbre de pépiniere.

A la cinquieme & fixieme année, on arrêtera tous les arbres qui feront bons à lever l'année fuivante ; cette opération confifte à leur couper la tête environ à fix ou fept pieds de hauteur, felon la difpofition naturelle de l'arbre. Il fe formera enfuite une tête à l'arbre, dont les branches auront cinq à fix pouces de longueur ; & l'année d'après on commencera à lever les fujets qui auront le plus de force, les autres en viendront mieux. Il y a beaucoup de cantons dans la Normandie , où l'ufage eft de greffer les arbres dans la pépiniere ; cela ne feroit pas convenable pour ces fujets vigoureux qu'on leve dès la fixieme année, & qui font l'élite de la pépiniere; mais lorfque ces plantes hâtives font enlevées , & placées dans

les champs, on peut avec fuccès greffer les fujets qui font par
leur groffeur en état de fuppor-
ter la greffe. L'avantage qu'on
en retire eft, que fi la greffe
manque, l'arbre fait une nouvelle tête dans la pépiniere avec
plus de facilité que dans les
champs ; & que lorfqu'on ne
plante dans les champs que des
arbres dont la greffe eft bien re-
prife & bien recouverte, on jouit
plus promptement du fruit de fa
plantation : on n'eft pas expofé
à tous les accidens qui arrivent
aux greffes qu'on met dans les
champs, fur des arbres qui y
ont été plantés fans greffer ; le
vent, les oifeaux les caffent,
elles meurent parce que la feve
de l'année n'eft pas toujours
bonne ; elles effuient mille autres accidents, qui mettent le
propriétaire dans le cas d'arracher de jeunes arbres pour y en

fubftituer d'autres ; de façon que dans une plantation de pommiers , il s'en trouve fouvent un tiers qui a été changé d'année en année , d'où il arrive qu'il y en a qui prennent de l'âge & de l'accroiffement , tandis que les autres font à leur premiere ou à leur feconde année de plantation. Cela ne fait jamais un bon effet; car les premiers plantés , qui , n'ayant point eu d'accident, ont pouffé avec vivacité, étendu leurs branches & leurs racines, fe font , pour ainfi dire , emparés du terrein , & les derniers arrivés ont bien de la peine à fe frayer une place. On évite ces inconvénients , en formant un plant de fujets dont la greffe eft bien affurée dans la pépiniere.

Les arbres qui font dans la pépiniere , ou qu'on a tranfportés dans les champs fans greffer , portent souvent du fruit avant que d'être greffés. Si ce fruit est gros, doux, ou amer-doux, qu'il ait du jus, une chair blanche ou jaune, qu'il ne soit point aigre, on conservera l'arbre sans le greffer, ce sera une nouvelle espece de pommes à Cidre : elles ne se sont multipliées à l'infini que de cette maniere ; comme les œuillets de graine donnent des fleurs nouvelles qui sont les plus estimées des Curieux. C'est pourquoi on a dit qu'il ne falloit semer que des pepins de bonnes pommes à Cidre ; ceux de pommes de rainettes ou d'autres pommes à couteau, ne produiroient que des fruits aigres peu propres pour le Cidre, au lieu que les arbres qui proviennent d'un pepin de pomme à Cidre, donnent souvent un fruit d'excellente qualité.

On finira ce Chapitre par avertir qu'il faut que la pépiniere foit bien claufe, pour la garantir des beftiaux, & par exhorter le Cultivateur à la tenir couverte de feuilles le plus qu'il lui fera poffible; rien n'eft fi analogue à un arbre que les feuilles d'un arbre quelconque. Ce petit foin n'eft pas difpendieux; des femmes ramaffent au rateau, fous des futaies ou des taillis, des feuilles lorfqu'elles font tombées, & les portent fur la pépiniere quand elle eft finie.

CHAPITRE II.

Maniere de former les plants, lorsque les arbres sont bons à lever dans la pépiniere.

LE S terreins qui n'ont qu'une légere superficie de terre friable, dont le fond n'est qu'une argille dure, ne conviennent point aux plants de pommiers. Les racines des arbres ne peuvent s'insinuer dans cette terre trop dense ; on a beau faire des trous larges & profonds, les remplir de terre meuble , de gazon , l'arbre croît & paroît beau pendant quelques années ; mais lorsque les racines ont atteint la terre argilleuse, il ne croît plus ; il se couvre de mousse, & il meurt peu-à-peu sans donner de fruit. Il en est de même des terres qui n'ont sous la superficie friable, que de la craie, du tuf blanc : mais dans toutes les terres fortes & grasses qui ont du fond, dans tous les graviers qu'on nomme creux, parce qu'ils sont faciles à remuer à deux & trois pieds de profondeur ; dans toutes les terres mêlées de petits grès plats & cassants, les pommiers viennent à merveille. La terre rouge & humide convient mieux aux poiriers qu'aux pommiers ; il faut toujours en avoir un tiers sur sa terre, pour fournir aux Domestiques & aux Journaliers de la boisson lorsque les pommes manquent. Rarement les pommiers rapportent du fruit trois ans de suite : quand les pommes manquent, les poires sont ordinairement abondantes.

Il y a beaucoup de personnes qui plantent des ceintures de pommiers & de poiriers autour de leurs terres labourables; cet ufage a un grand inconvénient. Lorfque les charretiers labourent, ils ne rencontrent pour l'ordinaire que trois arbres à chaque bout du champ dans leur journée; le propriétaire ne peut leur donner du monde pour aider à paffer ces arbres, & renverfer la charrue à leur approche ; les hommes deftinés à cet emploi n'auroient pas une occupation fuffifante : les arbres au bout des champs font donc écorchés à tous les labours, & finiffent par périr. C'eft pourquoi il eft bien plus convenable de choifir les terres graveleufes qu'on poffède, pour y former des plants, dans toute leur étendue ; parce que les jours qu'on y laboure, on fait accompagner le charretier par une ou deux perfonnes, qui renverfent la charrue à l'approche de l'arbre, & qui la remettent à fa place quand

quand l'arbre est passé. Le charretier laboure de suite toutes les rangées d'arbres, après quoi il renvoie les hommes qui l'ont aidé, & travaille seul dans l'intérieur des rangées.

Dans bien des pays il se trouve plus de terres légeres que de terres fortes ; il n'est pas à propos de couvrir celles - ci d'arbres fruitiers, qui, en ombrageant le bled, l'empêchent d'être aussi ferme dans sa paille, aussi nourri dans son grain. On convient que l'aveine vient pour le moins aussi belle sous les pommiers qu'en plein champ. Mais le bled n'a pas le même avantage ; & c'est ce qui doit fixer l'attention du Cultivateur. Il faut donc dans les cantons où la bonne terre est rare, ne planter que les terres légeres ; les arbres, en les ombrageant un peu , défendront le grain des ardeurs du soleil, il n'en fera que meilleur ; au lieu que dans les terres fortes, le grain ne veut pas être ombragé ; fouvent il verfe fous les pommiers.

On ne peut dire précifément quelle efpece de terrein donnera le meilleur Cidre ; l'expérience feule peut inftruire à cet égard : les fonds les plus gras de la Normandie , le Cotentin où eft Ifigny, le pays d'Auge, donnent des Cidres excellents. Les enclos de la Commanderie de Saint-Vaubours près de Rouen , où le terrein eft fort mauvais, produifent un Cidre admirable qui a un bouquet unique. Preffigny dans le Vexin Normand, Chambray fur la riviere d'Iton, fi renommés pour l'agrément de leurs Cidres, n'ont qu'un terrein léger & pierreux. Ainfi ce n'eft que par l'expérience qu'on connoîtra la valeur du fol. Mais il faut toujours s'attacher aux efpeces de pommes les plus renommées, car elles contribuent beaucoup à la bonté du Cidre.

Lorsqu'on aura destiné un terrein pour y mettre des pommiers; au commencement de l'automne, on fera des trous carrés de quatre pieds d'ouverture en tous sens, & de deux pieds de profondeur. L'ouvrier fera trois lots de la terre qu'il en tirera : le premier, de la superficie qui est ameublie par la culture, ou par les engrais naturels, comme feuilles & gazon, si ce n'est pas en champ labouré qu'on travaille : le second, de la terre qui se trouve au-dessous de celle qui a été cultivée : le troisieme, des pierres qui sortiront de chaque trou. Les trous seront placés au champ labouré à trente-six pieds de distance sur tous sens ; par ce moyen les plants ne couvriront pas trop la terre, les racines trouveront à s'étendre sans se rencontrer, auront une substance suffisante, l'arbre viendra promptement, aura une écorce vive & claire, & rapportera beaucoup de fruit. Il y a encore d'autres avantages à éloigner ainsi les plants, les terres sont moins ombragées, les grains y viennent mieux, les charretiers qui trouvent une distance de trente-six pieds d'un arbre à l'autre, peuvent faire rentrer leurs chevaux dans la direction de la ligne qu'ils tenoient pour tracer leur sillon, & qu'ils n'ont quittée que pour éviter le pied de l'arbre & ne pas toucher à son tronc ; de façon que presque tout le terrein se trouvant labouré par la charrue, il ne reste à cultiver à la houe que la terre du pied de l'arbre que la charrue a laissée sans culture en forme de navette, dont chaque pointe est tournée vers l'arbre précédent

& le fuivant. Si la charrue ne pouvoit reprendre ainfi la direction de fon fillon , après avoir tourné fur chaque côté des arbres , on feroit obligé de laiffer à chaque rangée d'arbres une planche de terre fans la labourer; ce qui donneroit un ouvrage immenfe pour mettre une fi vafte étendue de terrein en labour avec la houe fourchue : on ne peut donc trop recommander de mettre une diftance fuffifante d'un arbre à un autre , quoique bien des propriétaires n'aient pas cette attention. Il eft vrai que les plants que l'on met dans les cours ou autres terreins qui ne fe cultivent pas à la charrue , ne doivent pas être fi éloignés; quinze pieds de diftance d'un arbre à l'autre fuffiront. Lorfque les trous font faits & difpofés ainfi qu'on vient de le marquer , on arrache dans la pépiniere les arbres qui font en bon état, & dont les tailles des années précédentes font bien recouvertes, en obfervant de leur laiffer le plus de racines & de chevelu qu'il eft poffible ; on les taille en bec de flûte, l'entaille par-deffous ; on rafraîchit les branches de la tête de l'arbre, fi elles ont trop pouffé dans la pépiniere depuis que l'arbre a été arrêté ; enfuite on jette dans le trou la premiere terre qui en a été ôtée; on fait encore tomber dedans la terre la plus meuble qui fe trouve aux environs ; on la range horizontalement avec la fourche ou la bêche; on pofe l'arbre def-fus, un homme le tient droit, un autre couvre les racines de la meilleure terre qu'il peut trouver à fa proximité: quand elles font couvertes, on fecoue un peu l'arbre en ligne perpendiculaire, pour que la terre mouvante qu'on vient de jetter fur les racines , s'infinue par-tout. Après quoi on recouvre en totalité le pied de l'arbre de la terre qui l'environne; on la butte en forme de navette, fi c'eft dans les champs labourés ; & fi c'eft ailleurs , en forme de baffin qui doit avoir, comme la premiere ouverture, quatre pieds de diametre : ce baffin fera rond : l'arbre doit être dans le centre du cercle : les bords auront un pied d'élévation fur le niveau du terrein : le baffin ira toujours en baiffant vers le pied de l'arbre , afin qu'il puiffe recevoir les eaux du ciel qui doivent humecter les racines. S'il refte après cela des pierres fur les bords des trous , on les fait porter dans les che- mins les plus proches pour les réparer. C'eft un très-bon ufage de jetter au fond des trous, avant que d'y mettre aucune terre , des joncs marins, des genêts, bruyeres , gazons chevelus , ou autres broffailles quand on peut en avoir , cela tient la terre creufe & meuble , les racines s'en trouvent très - bien ; mais généralement il faut planter fur la fuperficie de la terre, c'eft - à - dire, le moins profondément qu'il eft poffible ; les arbres qui font encaiffés trop avant , languiffent prefque toujours & ont beaucoup de mouffe ; leurs racines ne pouvant percer le fond, & les parties latérales des trous font contraintes de remonter pour s'étendre fur la fuperficie de la terre : cela arrête totalement le progrès de l'arbre. Il eft vrai que les arbres plantés trop à fleur de terre , font plus facilement renverfés par les vents ; mais il vaut mieux perdre quelques pommiers par cet accident , que de voir languir toutes les plantations.

Dès la premiere année , la
tête

tête des pommiers nouveaux plantés pousse de petites branches & des feuilles; au bout de trois ans, elle est assez considérable, pour qu'on puisse commencer à greffer les sujets qui marquent assez de vigueur pour recevoir la greffe. Cette vigueur dépend de la façon dont les racines ont travaillé. Il y a toujours des arbres qui sont plus lents à pousser en racines; alors la tête étant moins garnie, on diffère à les greffer. Si on greffoit avant que l'arbre eût bien poussé en racines, la greffe seroit languissante, ou mourroit; mais lorsque l'arbre affectionne le terrein, qu'on voit qu'il pousse une tête bien garnie de branches, que l'écorce en est vive & transparente, il est temps de poser la greffe. Il faut greffer quand le champ est ensemencé en bled, parce que dans cette année & la suivante, qu'il produit des avei-

C

nes, les moutons approchent plus rarement des arbres ; car il faut ob-ferver que leur odeur nuit à la feve. Quand les arbres font greffés, ils ne reçoivent de culture que par les labours. Le Cultivateur fait remuer la terre de leur pied avec la houe fourchue à toutes les faifons de bled , mars , & gueret , & jetter de la femence au pied , quand les champs font enfemencés. Les pommiers fe plaifent beaucoup plus dans les terres labourables que dans les enclos : 1°. Parce qu'en ouvrant la terre qui couvre leurs racines, elles reçoivent le bénéfice des influences de l'air. 2°. Parce qu'en répandant des fumiers dans les champs, on augmente leur vigueur. Cependant dans les cours des métairies, où il y a un grand concours de beftiaux qui répandent des engrais, les arbres viennent très-bien & rapportent beaucoup, parce qu'ils font ordinairement à l'abri des vents par quelques murs ou bâtimens , ce qui conferve les fleurs. Mais dans les pâtures éloignées des maifons , fi elles n'ont pas un bon fonds, fi les arbres ne font pas cultivés tous les ans, en les bêchant au pied, en grattant la mouffe , en dégarniffant les branches de leur fuperflu, ils languiffent & rapportent peu. En général on connoît que l'arbre fe plaît dans un terrein, lorfque l'écorce en eft vive & claire , qu'il y a peu de mouffe autour des branches ; & dans tous les pays qui produifent des pommiers de cette nature , on peut y établir des plants à Cidres avec une forte de confiance ; au refte, il n'y a que l'expérience qui apprenne fi le Cidre aura de la qualité. J'ai vu de très-beaux pommiers dans les montagnes de Savoie ; j'ai envoyé au Marquis d'Oncieu d'excellentes greffes de Normandie qui ont bien réuſſi ; il y a lieu de croire que le Cidre qui en proviendra ſera bon, & je ſuis perſuadé que beaucoup de pays pourroient ſe procurer l'uſage du Cidre, ſi les Cultivateurs vouloient en tenter l'établiſſement.

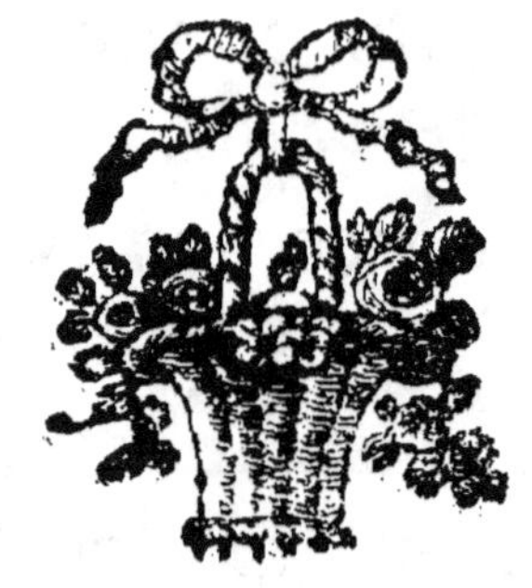

CHAPITRE III.

De la Greffe.

Lorsque les pommiers sont en état de recevoir la greffe, on en prend, dans les sommités des branches, des pousses de l'année : si on n'a pas chez soi de bonnes especes, on en fait venir de Normandie, en s'adressant à quelqu'un capable de faire un bon assortiment, bien varié. Les greffes peuvent être cueillies deux mois avant que de les employer ; on les envoie dans de la mousse fraîche ; on les met en terre dans un coin du jardin quand on les a reçues, & on en fait usage quand le tems y est propre ; celui qui les envoie, a soin de mettre une étiquette à chaque espece différente. A la fin d'Avril, & même

un peu plutôt pour les efpeces
précoces, on commence à greffer par un tems doux & fans
pluie. On taille les greffes de la
longueur de fix à fept pouces;
il importe peu que l'œilleton de
la greffe foit coupé, puifque
d'une feule pouffe de l'année,
on en fait fouvent deux greffes.
On forme au bout de chaque
greffe, une efpece de coin d'un
pouce de long en applatiffant les
deux côtés fans toucher à la
moëlle de la greffe, excepté dans
l'extrémité de la taille où elle fe
trouve découverte ; on coupe
la tête de l'arbre avec la fcie, à
cinq pieds & demi ou fix pieds
de terre ; on pare avec la ferpette
la partie qui a été fciée ; on fend
l'arbre en deux autant qu'il eft
néceffaire pour y introduire la
greffe ; on le tient entr'ouvert
avec un coin de bois ; on pofe
deux greffes fur chaque côté de

la fente de cet arbre ; on fait
rencontrer exactement de chaque côté, l'écorce de la greffe
& celle de l'arbre. On retire le
coin, l'arbre ferre auſſi-tôt les
greffes. Alors on environne cette
tête d'arbre ainſi greffée, avec
une bande de papier; on fait une
poupée avec de la filaſſe tirée
en long, & garnie de terre franche réduite en mortier ; on paſſe
cette filaſſe entre les deux greffes, pour que tout y ſoit plein
& garni de cette eſpece de mortier. On la fait tourner pluſieurs
fois autour de la tête greffée ;
cela forme une poupée groſſe
comme le poing, au travers de laquelle ſortent les deux greffes,
qui paroiſſent de la longueur de
cinq pouces au travers de la poupée ; enſuite on lie au corps de l'arbre une petite branche ſeche, qui
paſſe un peu au-deſſus des deux
greffes, pour empêcher les oi-

feaux de fe repofer deffus & de les caffer. On met deux greffes, parce que fi l'une manque, l'autre peut ne pas manquer. Il n'eft pas avantageux qu'il en refte deux fur un arbre ; ces deux greffes, qui ne s'uniffent jamais parfaite-ment, laiffent toujours un vuide entr'elles ; lorfqu'elles font char-gées de fruits & qu'il furvient des vents, l'une des deux greffes fe caffe, & entraîne avec elle la moitié de l'arbre qui s'éclate en deux. Pour parer à cet inconvé-nient, lorfque les deux greffes ont bien pouffé, on choifit la plus belle, & d'un coup de mail-let, on fait fauter l'autre avec un cifeau de menuifier ; on met fur cette coupure, de la terre franche délayée ; & la greffe qui refte, ne tarde pas à s'emparer de la to-talité de l'arbre : le tout fe recou-vre & s'unit en peu de tems. Bien des gens ne prennent pas tous ces foins, auſſi ont-ils des arbres de mauvaiſe mine, tortus, traînants juſqu'à terre, plantés ſans aucune ſymmétrie; il n'en coûte pas davantage de donner de la grace aux choſes utiles. Lorſque les branches de la greffe, en croiſſant, tombent trop bas vers la terre, il faut avoir ſoin de les couper & de les diriger de façon qu'elles puiſſent laiſſer un libre paſſage aux chevaux de harnois, pour la culture des terres labourables ſur leſquelles les arbres ſont plantés; il eſt même très-convenable de ne greffer dans les terres labourables, que des eſpeces dont le bois s'éleve, & a la forme de l'oranger, car les branches traînantes ſont incommodes au Cultivateur; l'arbre à hautes branches eſt plus agréable à la vue. Il y a de ſi bonnes eſpeces de fruits dans ce genre, qu'il eſt facile d'avoir des Cidres excellents, en ne fe fervant pas des arbres dont les branches s'inclinent trop vers la terre, & qui font toujours expofés à l'attaque des beftiaux.

Lorfque les greffes meurent, il faut donner le tems à l'arbre de faire une nouvelle tête, on la coupe enfuite comme on avoit fait la premiere fois, obfervant de couper jufqu'à ce qu'on trouve le bois parfaitement vif, & fans aucune impreffion de l'ancienne cicatrice : fi ces fecondes greffes manquent encore, il faut arracher l'arbre & en planter un autre. Tout le monde fçait que le pommier en fleur, & même lorfqu'il eft chargé de fruit, eft un très-bel arbre.

CHAPITRE IV.

Des différentes especes de pommes à Cidre.

ON doit diviser les pommes en trois classes ; les précoces qui sont mûres au commencement du mois d'Août. Ces fruits sont d'une grande utilité, ils procurent des Cidres à ceux dont la récolte précédente a manqué ; souvent on les attend avec impatience ; le Cidre en est léger & agréable ; on en boit ordinairement à la foire de Guibray qui commence le 9 Août. Ces pommes sont :

L'Ambrette.

Le Renouvellet.

La Bellefille.

Le Jaunet.

Le Blanc.

Il est convenable de les greffer dans un même canton, pour avoir plus de facilité à les cueillir, sans être obligé de parcourir tous les plants.

La deuxieme classe, que l'on cueille à la fin de Septembre & au commencement d'Octobre, est :

Le Fresquin.

La Girouette.

La Haute-branche.

Le Long-bois.

L'Avoine.

Le Gros-adam-blanc.

Le Doux-évêque.

Le Rouget.

L'Ecarlatte.

Le Blanc-mollet.

Le Bedan.

Le Petit-manoir.

Le Saint-Georges.

Le Gros-amer-doux.

Le Petit-amer-doux.

Marie-la-douce.

La troisieme classe est mûre à la fin d'Octobre ; les meilleures fons :

La Peau-de-vache.

L'Alouette-rousse.

L'Alouette-blanche.

La Coste.

Le Blagny.

Le Blanc-duré.

L'Adam.

Le Doux-reté

Le Mattois.

Le Pepin,

Le Doux-veret.

Le Closente.

La Rousse.

La Reinette-douce,

Marie-honfroy.

Le Rambouillet.

Le Pied-de-cheval.

Le Gros-coq.

L'Equieu'é.

L'Epicé,

L'Ante-au-gros.

Le Bon-vallet.

Le Saint-Bazile.

Le Muscadet.

L'Amer-mousse.

Le Petit-moulin-à-vent.

La Petite-chappe.

Le Rebois.

Le Grout.

La Germaine.

La Sauge.

Il y a une infinité d'autres especes de pommes en Normandie. La même pomme a aussi très-souvent divers noms selon les divers cantons ; mais il s'en forme tous les jours de nouvelles par especes doubles qui viennent dans les pépinieres, & qui sont d'une excellente qualité : elles multiplieroient bien plus, si on laissoit rapporter tous les jeunes arbres avant que de leur couper la tête ; on fait souvent de grandes injuſtices dans cette exécution, on détruit des fruits admirables, il en eſt des pommes comme des fleurs qu'on ſeme, la graine produit beaucoup de ſimples & peu de doubles. Les pommes ſimples ſont petites, aigres, ont peu de ſuc, la chair verte. Les doubles ſont groſſes, blanches ou colorées, ont la chair jaune ou blanche, ſont douces ou amer-douces, & certainement ces eſpeces nouvelles en valent bien d'autres. Il eſt vrai qu'on prétend que les pommiers qui n'ont pas été greffés, rapportent plus rarement que les autres ; mais j'ai l'expérience du contraire ; il y a même de ces arbres qui produiſent plus ſouvent & plus abondamment que les autres : comme auſſi il peut s'en trouver qui ne ſoient pas chanceux, alors on les grefferoit ſur les branches : mais lorſqu'un arbre non greffé produit de bon

& beau fruit & en produit fouvent, il faut le conferver, puif-
qu'il eſt plus vigoureux qu'un
autre, dure plus long-temps, &
n'eſt pas fi fujet à être caſſé par
les vents.

Ceux qui ne voudront pas faire
uſage de cette remarque, trouveront dans les liſtes qu'on a données, des eſpeces plus que fuffi-
fantes pour établir d'excellentes
plantations d'arbres à Cidre. Il
y a un grand avantage à greffer
des trois claſſes de pommes ci-
deſſus indiquées, car il vient fouvent des gelées dans le printems
qui font périr les fleurs ; fi ce moment arrive dans le tems que les
eſpeces précoces font en fleur, on
a lieu d'eſpérer que la floraiſon
des deux claſſes fuivantes fera
plus heureuſe ; fi au contraire les
gelées ou les vents-roux arrivent
tard, les eſpeces hâtives ont déjà
leur fruit formé, & il n'y a que

les pommes tardives qui en souf-
frent. Enfin, on sentira de reste
qu'on doit plus compter sur des
arbres qui ne fleurissent pas dans le
même-tems, que sur ceux qui fleurissent tous ensemble; avec ceux-
ci on a tout, ou rien; avec les autres on a toujours quelque chose,
& presque jamais une abondance
générale, souvent à charge au
propriétaire qui n'a pas assez de
futailles pour mettre tous les
Cidres que les arbres ont produit.
Les vents-roux chassent avec eux
un brouillard qui a plus l'air d'une
légere fumée, que d'un brouillard ordinaire; toutes les fleurs
des arbres qui en sont frappées,
sont rôties dans l'instant, & se
pulvérisent ensuite comme des
feuilles de tabac. Les fleurs qui
n'en sont pas totalement détruites, produisent une petite
pomme dans laquelle il s'établit
un ver, & qui tombe avant

qu'elle ait pris un accroissement considérable.

Il y a des personnes qui, pour garantir les fleurs de leurs arbres de ce vent destructeur, assemblent au couchant de leurs plants, de distance en distance, de petits tas d'herbes seches, de feuilles, de bruyeres, &c. & quand ce vent, qui vient toujours du couchant, commence à souffler, elles mettent le feu à ces petits monceaux de matieres combustibles, la fumée qui en sort est portée par le vent vers le plant, corrompt le mauvais air, & garantit les fleurs d'une destruction certaine ; cela n'est pas bien difficile à pratiquer : car en supposant qu'on n'ait pas eu la précaution d'assembler des matieres combustibles au couchant des plants, il est encore tems d'y en porter lorsque le vent - roux paroît ; il faut peu de matiere pour produire beaucoup de fumée, on a bien-tôt raſſemblé chez ſoi de vieux foins pourris, de petites bourrées de bois, ſur leſquelles on jette un peu de paille mouillée, les vents-roux diſparoiſſent promptement, & ne durent jamais trois jours ; d'ailleurs ils ſont ſans effet pendant la nuit : il réſulte auſſi de ces vents des chenilles en quantité. Lorſqu'elles ſe ſont emparées des arbres, il n'y a d'autre ſecret pour s'en défaire, que d'écheniller ; on ſe ſert pour cette opération d'une eſpece de ciſeaux qu'on en-manche à un bâton ; ils reſtent ouverts par le moyen d'un reſ-ſort, comme les ciſeaux dont on ſe ſert pour couper les ongles des pieds. On fait mouvoir la par-tie ſupérieure de ces ciſeaux, par le moyen d'une ficelle qui y eſt attachée, & on coupe la bran-che au-deſſous de l'endroit ou les chenilles ſont établies : c'eſt

toujours fur les petites branches.
Si on n'a pas ces cifeaux, on peut
fe fervir du croiffant du Jardi-
nier, & brûler enfuite les branches qui feront tombées à terre
avec la coque des chenilles. On
peut faire fous les arbres plufieurs
fumigations pour faire périr les
chenilles, mais elles ne font pas
fans inconvénient. Il eft plus
court d'écheniller, cela n'eft pas
fi long ; fans cette précaution, il
ne refte pas une feuille aux arbres, les chenilles les dévorent,
& altérent confidérablement la
féve.

CHAPITRE V.

De la maniere de cueillir les Pommes.

Si les plants font enclos de haies ou de foffés, de façon qu'on puiffent les défendre de l'approche des beftiaux, la meilleure façon eft de laiffer mûrir les pommes à l'arbre, au point que la plus grande partie tombe d'elle-même; après quoi en fecouant les branches des arbres, le refte tombe fans effort. Par ce moyen, l'arbre n'eft point battu avec des gaules, le bourgeon qui doit produire l'année fuivante n'eft point détruit, les arbres rappor-tent plus fouvent & davantage. On laiffe ces pommes fons les arbres, elles y mûriffent & lorf-que le tout eft tombé, foit naturellement, soit par les secousses qu'on a données aux branches, on pose les pommes à terre dans des bâtimens, pour les piler lorsqu'elles sont à leur vrai point de maturité : ce qui est essentiel pour avoir de bons Cidres. Il ne faut jamais transporter les pommes dans les bâtimens, lorsqu'elles sont mouillées par la pluie ou par la rosée ; cela les fait noircir, pourrir, & ôte la qualité des Cidres. Pour les pommes qui ont mûri sur les arbres, si elles sont à leur point juste, on peut les porter tout de suite sous la roue du pressoir. Il faut avoir soin de ne pas mêler dans les bâtimens les pommes avancées, avec les tardives ; les unes seroient trop mûres & même pourries, que les autres seroient encore vertes ; il n'en résulteroit qu'un jus imparfait. On a donc soin de ne porter dans chaque grenier, que les pommes qui font de la même claffe, & qui doivent être pilées dans le même tems ; quant à celles qui fe trouvent dans les terres labourables, & qui font expofées aux beftiaux, on envoie tous les matins, pendant les mois de Septembre & d'Octobre, ramaffer ce qui eft tombé pendant la nuit. On les pile de bonne heure pour en faire de petit Cidre, car la plupart font verreufes ; quand le fruit de ces arbres eft fuffifamment mûr, on en fait la cueillette générale, en fecouant & gaulant les branches pour faire tomber le fruit. C'eft alors qu'il y a bien du bois de brifé & que l'arbre fouffre ; mais il eft impoffible de parer cet inconvénient. Les pommes ainfi cueillies, on les porte dans les bâtimens qui leur font deftinés : on peut même les mettre fur l'herbe dans un lieu fermé proche le preffoir, elles y mû-

riront bien, l'air ne les endomma-
gera pas, ni les pluies : il n'y au-
roit à craindre qu'une gelée trop
forte : une pomme gelée ne donne
jamais de bon Cidre. On s'en ga-
rantira, fi on les couvre de feuilles ; la pomme fe conferve parfaitement fous les feuilles. On
ne doit piler les pommes que
quand elles font bien mûres ; on
le connoît à leur couleur jaune,
à leur bonne odeur qu'elles répandent quand quelques-unes com-
mencent à pourrir. C'eft-là ce qui
indique leur vrai degré de maturité.

CHAPITRE.

CHAPITRE VI.

De la façon des Cidres.

MONSIEUR des Pommiers dans son livre intitulé : *L'Art de s'enrichir promptement par l'agriculture*, nous dit , ,, que les ,, pommes d'un doux-amer, quel- ,, ques-unes un peu aigres, sont les ,, seules propres à donner de bons ,, Cidres ,,. Cet assortissement n'est point encore venu à la connoissance des Normands, qui n'estiment que le doux & amer-doux, & qui regardent les pommes un peu aigres , comme contraires à la bonne qualité du Cidre. Monsieur des Pommiers écrit bien , a du zele. Ses essais sur les Cidres sont encore nouveaux , il les perfectionne tous les jours. Si je ne craignois pas de m'écar-

ter de mon fujet, je lui propo-
ferois mes objections fur la culture
du fainfoin ; je prends feulement
la liberté de lui repréfenter, que
les fuccès qu'il a eus dans fon
pays pour l'établiffement des fainfoins, ne feroient pas les mêmes
dans la haute-Normandie, dans
le Perche, par-tout où les terres
s'affaiffent & fe condenfent beaucoup. Ce n'eft point à la graine
qu'il tient ; les Fermiers qui cultivent une de mes terres près de
Falaife, qui ont des fainfoins en
abondance, m'ont apporté de la
graine la plus parfaite, & font
venus la femer dans la terre de
Chambray que j'habite, fituée
entre Verneuil au Perche & No-
nancourt ; les labours, les fumiers, rien n'a été épargné ; le
fainfoin a très-bien levé ; mais la
terre s'eft affaiffée pendant l'été,
la plante s'eft trouvee enfermée
comme dans une brique cuite au

foleil, & eſt morte peu - à - peu. Bien d'autres que moi ont manqué leurs expériences dans ce canton, qui eſt plein de pierres à fuſil & de gros gravier rouge ou gris. Il faut donc dire avec l'excellent Auteur du *Mémoire ſur la culture du ſainfoin dans la haute Champagne*, que le plus grand ſecret pour avoir des ſainfoins, eſt d'empêcher l'affaiſſement des terres ; c'eſt à quoi je travaillle actuellement : je rendrai compte au Public de mon procédé, ſi je réuſſis. On me pardonnera cette digreſſion, en faveur de mon zele pour le bien public.

Quand on veut faire du Cidre parfait, lorſque les pommes ſont à leur point de maturité, à meſure qu'on les prend ſur la pelle de bois pour les mettre dans la corbeille & les porter dans les auges du preſſoir, une ou deux femmes ôtent toutes les pommes noires

& pourries, on les garde pour les mettre dans le repilage : mais comme tout le monde ne veut pas faire cette petite dépenfe, voici l'ufage ordinaire pour bien piler les fruits. Je dis *bien piler*, parce que les trois quarts des Normands ont des Cidres troubles & de mauvais goût, par le peu de foin qu'ils donnent à les façonner. Je ne donnerai point les dimenfions d'un preffoir ; elles font affez connues.

Le cheval qui fert au pilage, ayant fuffifamment fait tourner la meule de bois ou de pierre qui fert à écrafer les pommes, on les porte ainfi écrafées fur le tablier du preffoir ; elles y font dreffées en forme carrée ; on met un rang de paille entre chaque couche de pommes pilées ; les bouts de la paille excédent de quatre doigts le carré cube de pommes écrafées, qui eft dreffé par le Conducteur des Cidres, fur le tablier du preſſoir. Plus on exhauſſe cet édifice, plus le jus coule en abondance ſur le tablier, & tombe dans la cuve appellée *beſlon*. Lorſque ce cube, qu'on appelle la *motte*, eſt à la hauteur d'environ quatre pieds, que le Cidre n'en découle plus, on met deſſus un carré de planches fortes, jointes enſemble, qui excéde les bords de cette motte de trois pouces de toutes parts ; enſuite on met de petits ſoliveaux de même grandeur ſur ce carré de planches, & on deſcend, par le moyen d'une vis, l'arbre à preſſoir ſur tout l'édifice. Son poids fait ſortir le jus des pommes écraſées, il tombe dans le beſlon ; alors ſi on n'a pas de cuve, on tranſporte le Cidre du beſlon dans des futailles bien nettes & bien reliées : mais ſi on a la commodité d'avoir dans ſon preſſoir des cuves contenant deux, quatre, ſix queues plus ou moins, on jette dans ces cuves tout le cidre qui fort du beſlon ; il y reſte trois à quatre jours ſans monter, au bout deſquels il fermente très-fort. Toute la lie monte comme l'aîne du vin ; quand on voit que cette croûte commence à s'abaiſ-fer, il eſt tems de tirer le Cidre & de le porter dans les futailles. On a une groſſe canelle de bois ou de cuivre au bas de la cuve, on emplit les ſeaux par cette ca-nelle, on porte le Cidre dans les tonneaux qui ſont préparés ſur les chantiers dans la cave. Par ce moyen il ne ſe trouve point dans la futaille, cette affreuſe quan-tité de lie dont les Cidres des Payſans ſont toujours ſurchar-gés ; le Cidre ne s'aigrit pas ſi promptement, eſt plus clair, & a plus belle couleur. Si les Cidres par la nature du terrein ne ſont pas ſuffiſamment colorés, ce qui arrive ſouvent, il faut laiſſer mâquer les pommes pilées pendant quelques heures , c'eſt-à-dire, différer d'en faire ſortir le jus après qu'elles ſont pilées ; par cette méthode on donne au Cidre autant de couleur qu'on le juge à propos. Quand les tonneaux ſont pleins, il faut les laiſſer ſans les bonder pendant trois ſemaines, pour leur donner le tems de bouillir & de jetter par le trou de la bonde, une quantité d'impuretés. Le Cidre ayant ceſſé de bouillir, on remplit les tonneaux avec d'autre Cidre , & on bonde ; mais il faut regarder ſouvent aux futailles pour leur donner de l'air s'il eſt beſoin, car ſouvent le Cidre fait ſauter les cercles , ſur-tout ſi on a bondé trop tôt. Les Pariſiens ne trouvent jamais le Cidre aſſez doux ; ſi on veut en avoir qui conſerve ſa douceur très-long-tems, qui mouſſe bien, & qui ait une très-belle couleur ,

E iv

il fa ut mettre plein un grand chaudron de fer ou de cuivre, contenant à-peu-près trois feaux de Cidre fortant du beflon, le faire bouillir fans interruption depuis le matin jufqu'au foir, en forte qu'il fe réduife en fyrop épais ; lorfque ce fyrop eft à-peu-près à fon degré de cuiffon, on y jette une demi-livre de beau miel, on le fait encore bouillir un peu, & l'on jette le fyrop par le trou de la bonde d'une pipe qui contient cinq cent pintes. On la roule fur tous fens, on entonne dedans le Cidre fortant de la cuve ; au bout de très-peu de tems, on a du Cidre très-clarifié, très-doux, piquant & agréable. Cette recette eft encore meilleure pour des Cidres qui n'ont pas beaucoup de qualité par eux-mêmes : elle feroit très-inutile à Ifigny & en bien d'autres endroits de la Normandie. Ce fyrop fe garde, fi on veut, dans des pots très-long-temps, il y refte en confiftance de miel, & quand on veut en faire ufage dans les rhumes, il faut le battre avec de l'eau chaude; il eft très-bon pour la poitrine.

Si le Cidre n'éclairciffoit pas dans les tonneaux, ce qui arrive quelquefois, fur-tout à ceux qui ont des pommes dont le jus eft gras & limoneux, il faudroit pour une demi-queue de deux cent cinquante pintes, broyer un pain de blanc d'Efpagne, autrement craie de Briançon, y joindre le poids de deux liards de foufre en poudre, jetter le tout dans la futaille par la bonde, remuer le Cidre avec un bâton fendu en quatre; il fera bientôt clair-fin, c'eft la maniere de le coler. Au mois de Mars, on met en bouteilles le Cidre qu'on deftine pour la table des Maîtres, en obfervant de ne le boucher à demeure qu'au bout de quelques jours, autrement il caſſeroit bien des bouteilles : ce Cidre mouſſe, pique le palais, porte au nez, monte à la tête, plaît beaucoup ; mais ce ne ſeroit pas une boiſſon convenable pour l'ordinaire, elle a trop de violence ; les Normands boivent rarement du Cidre ſans eau ; il faut donc voir l'uſage journalier qu'on peut faire du Cidre.

Pour avoir une boiſſon agréable & ſaine, il faut mettre quelques ſeaux d'eau dans les auges du preſſoir en pilant les pommes ; on regle cela ſelon le degré de force qu'on veut donner au Cidre : lorſqu'il eſt ainſi tempéré, il eſt très-ſain, on le digere facilement ; on l'appelle la *tiſane des Normands*. Mais ce Cidre mêlé d'eau, ne paſſe gueres l'année, il s'aigrit à la fin ; au lieu que du Cidre d'un bon crû, ſe conſerve mieux, & eſt ſouvent très-potable au bout de ſix & ſept ans.

CHAPITRE VII.

Des petits Cidres.

SI on buvoit le Cidre pur à son ordinaire, ce seroit comme si on ne mettoit jamais d'eau dans son vin. Il n'est point de boisson plus légere & plus rafraîchissante que le petit Cidre ; il n'a aucun des inconvéniens des gros Cidres , qui souvent gonflent & nourrissent trop ; mais il faut que le petit Cidre soit bien fait. Pour y parvenir , voici comme on doit procéder.

Le gros Cidre étant tiré du marc des pommes pilées , on exhausse l'arbre à pressoir. On ôte de dessus la motte , les piéces de bois & le couvercle de planches qui y étoient. On releve le marc des pommes par couches , qui sont marquées par les lits de paille qui séparent chaque couche de marc. On met le marc dans une futaille défoncée par un bout, dans un coin du tablier du pressoir, & dans les auges à piler. Si on a besoin de pepins pour semer, c'est dans ce moment qu'on les met à part. On jette de l'eau sur le marc qui est dans les auges ; & quand il est imbibé, on attele le cheval à la meule pour le re-piler. Lorsqu'il est suffisamment repilé, on le porte à pelletées sur le tablier du pressoir ; & de ce re-pilage, on forme une nouvelle motte, comme on a fait pour le gros Cidre. C'est exactement le même procédé, pour dresser la motte, mettre l'arbre à pressoir, porter du beslon dans la cuve, ou dans la futaille, si on ne veut pas faire cuver le petit Cidre, ce qui cependant le rendroit meilleur, & le débarrasseroit de la

plus grande partie de fa lie. Pour
fçavoir la quantité d'eau qu'il faut
mettre fur le marc, la regle eft
d'y en mettre autant qu'on en
a tiré de gros Cidre. C'eft-là la
boiffon des Domeftiques : fi on
veut qu'elle ferve aux Maîtres ou
qu'elle foit d'une qualité plus
forte, on jette dans le repilage
quelques pelletées de pommes.
Mais il y a une autre façon de
faire du Cidre mitoyen pour les
Maîtres, & c'eft la plus convenable;
elle confifte à jetter deux, trois,
ou quatre feaux d'eau dans chaque
pilée de pommes, lorfqu'elles
font bien écrafées, & à faire
enfuite tourner la meule pour que
le tout s'incorpore. Plus le tour
du preffoir eft grand, plus il contient de boiffeaux de pommes,
ainfi on ne peut déterminer com-
bien on mettra de feaux d'eau à
la pilée; le Propriétaire en jugera
facilement; il y a même des crûs

qui ont moins de qualité, le jus des pommes eft moins fpiritueux, dans ce cas - là il faudroit moins d'eau. Chacun doit connoître la valeur des chofes dont il fait ufage ; le Cidre mitoyen fe façonne comme le gros Cidre ; il ne diffère que par l'eau qu'on y met, pour rendre cette boiffon plus convenable à la fanté : les enfans qui en boivent font frais comme des rofes : elle nourrit & rafraîchit.

CHAPITRE VIII.

Des Poiriers , des Poires , & du Poiré.

L E poirier se cultive de la même maniere que le pommier ;
les Cidres de poires se font de
même que ceux de pommes ;
mais le poirier veut une terre
plus forte & plus humide que le
pommier. Il faut essayer son terrein pour connoître celui qui lui
convient le mieux, si on plante
ailleurs qu'en Normandie , où
ces choses sont connues de tout
le monde. Le poirier se plaît dans
les terres cultivées , mais il ne
craint pas tant que le pommier ,
celles qui ne le sont pas ; il dure
un plus grand nombre d'années :
son jus supplée à celui de la
pomme : en y mettant de l'eau ,

il fert de boiffon au peuple ;
comme on l'a expl qué ci-deffus à
l'article des petits Cidres. Le Poiré
fans eau eft doux & agréable ; il
fe garde deux ans : on prétend
qu'il eft mal-fain, il ne caufe cependant aucuns mauvais effets
en Normandie , au contraire les
Nourrices en boivent pour fe
procurer une abondance de lait.
Si on a fuffifamment de Cidre de
pommes pour fon ufage & la
confommation de fa maifon, on
ne fait que du Poiré fans eau, on
en repile le marc avec de l'eau ,
pour ne rien perdre ; c'eft la boiffon des Domeftiques & Journaliers. Les Poirés fans eau fe vendent bien dans les pays vi-
gnobles , lorfqu'on n'en eft pas
éloigné , parce que cette liqueur
reffemble au vin ; les Vinaigriers
les achetent pour en faire des
vinaigres qu'ils colorent avec la
graine de fureau, & les font paffer

fer pour du vinaigre de vin ;
c'eſt un des gros commerces de
la Ville de Dreux. Quand on n'a
pas ces débouchés pour le Poiré,
on le fait brûler comme les Cidres de pommes, pour en tirer
des eaux-de-vie, qui ſont d'un
très-grand uſage en Normandie.
L'eau-de-vie de Poiré eſt plus
limpide & plus vive que celle de
pommé.

Il y a beaucoup de choix dans
les greffes des poiriers ; car il y a
des eſpeces de poires à Cidre bien
ſupérieures en qualité : les meilleures ſont,

L'Ecuyer.

Le Jacob.

Le Rouillard.

Le Gros-meſnil.

Le Rouge-vigny.

Le Blin.

Le Bois-prieur.

Le Huchet-gris.

Le Huchet-blanc.

Le Verd.

Et plusieurs autres qu'il seroit inutile d'indiquer.

Ceux qui voudront se procurer des greffes de pommes & de poires, pourront s'adresser, en affranchissant leurs lettres, *à Monsieur le Marquis de Chambray, en son Château de Chambray, près Tillieres, route de Bretagne :* il a des meilleures especes en tout genre, & se fait un plaisir d'être utile au progrès de l'Agriculture.

F I N.

TABLE.

Fin de la Table.